障がい者スポーツ大百科 ❹

大きな写真でよくわかる

挑戦者たちとささえる人たち

大熊廣明／監修
こどもくらぶ／編

はじめに

　2020年に開催される東京オリンピック・パラリンピックの成功に向けて、東京都は、「Be The HERO」と名付けた映像をつくりました。障がいの有無にかかわらずスポーツを楽しむこと、障がい者スポーツの魅力と感動の輪を広げようという目的で制作されたこの映像は、「アスリートだけではなく、応援する人もふくめ、スポーツをささえる一人ひとりがヒーローだ」というメッセージを伝えるものです。

　登場するスポーツは、車いすテニス、5人制サッカー（ブラインドサッカー）、陸上、ゴールボール、ウィルチェアーラグビーの5つ。それぞれの選手たちがプレーする姿を映像で魅力的に伝えています。さらに映像には、日本を代表する5人の漫画家がそれぞれのスポーツの絵をかき、ミュージシャンが曲を手がけ、声優が音声解説版の解説を担当しています。みな「すべての人をヒーローに」というよびかけに、手をあげ、協力したのです。

　障がいというハンディキャップをばねに、だれも通ったことのないきびしい道を進む選手たちは、障がいを克服するだけでなく、記録に挑戦すべくさらに壁をのりこえていきます。そうした選手たちのすがたが、見る人に感動をあたえ、勇気をあたえ、希望をあたえます。そして、選手を応援し、ささえるサポーターたちも、選手に勇気と力をあたえます。「すべての人をヒーローに」というメッセージは、たがいをはげましささえあう、ということでもあるのです。

★

　このシリーズは、障がい者スポーツについて4巻にわけて、さまざまな角度からかんがえようとする本です。パラリンピックがいつからはじまったのか？　そもそも障がい者スポーツはどうやって生まれたのか？　どんな競技があり、どんな大会があるのか？　知らないことがたくさんありそうですね。さあ、このシリーズで、障がい者スポーツについてしらべたり、かんがえたりしてみましょう。

　このシリーズは、つぎの4巻で構成されています。
①障がい者スポーツって、なに？
②いろいろな競技を見てみよう
③国際大会と国内大会
④挑戦者たちとささえる人たち

「Be The HERO」に登場する選手たちと、漫画家たちがかいたスポーツの絵。
ウィルチェアーラグビー／
日本代表選手（池崎大輔）他　©ちばてつや
ゴールボール／日本代表選手他　©真島ヒロ
車いすテニス／国枝慎吾　©浦沢直樹
陸上競技／高桑早生　©窪之内英策
5人制サッカー／日本代表チーム　©高橋陽一

SUPPORTED BY TOKYO METROPOLITAN GOVERNMENT

もくじ

はじめに……………2

① 障がい者スポーツのアスリートとは……………4
② 障がい者アスリートに年齢はない?……………6
③ オリンピックに記録が追いつく……………8

もっと知りたい!
パラリンピックの偉大な金メダリスト……………12

④ 補助用具へのこだわり……………16
⑤ 補助用具の開発で選手をささえる……………18
⑥ 障がい者アスリートのパートナー……………20
⑦ 障がい者スポーツのサポーター……………22
⑧ 障がい者アスリートがかかえる苦労……………24
⑨ 障がい者スポーツへの関心を広げる……………26

もっと知りたい!
企業と障がい者スポーツ……………28

資料 パラリンピック選手アンケート……………30

さくいん……………31

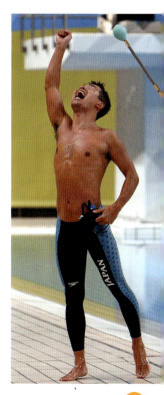

1 障がい者スポーツのアスリートとは

「アスリート」とは、英語で「スポーツ選手」のことです。アスリートのなかには、障がいがありながら、世界をめざしてたたかいつづけている人たちもいます。

リハビリから競技スポーツへ

障がい者スポーツは、医療におけるリハビリテーションの手段のひとつとして取り入れられたのがはじまりです。失った機能をおぎなうようなからだのうごかし方を練習したり、よわってしまった機能を回復させたりといったリハビリを、楽しみながらできるものだったのです。

多くの人たちが障がい者スポーツを積極的におこなうようになると、リハビリや治療の手段としてだけではなく、競技スポーツとしておこなう人がふえていきました。ハンディキャップを克服し、そのがんばりをたたえるものだった障がい者スポーツが、きびしい練習をつみかさねて勝ち負けや記録をきそうものへと変化していったのです。

世界の舞台でたたかうために

障がい者スポーツの生みの父といわれる医師ルートヴィッヒ・グットマン博士（→1巻）は、「うしなった機能をかぞえるな、のこった機能を最大限にいかせ」と患者にいいつづけました。障がい者スポーツでは、障がいを負ってうごかせない部分を、健康にうごかせるほかの部分でおぎないながら競技をします。世界のトップレベ

ルでたたかうには、健常者のトップアスリートとおなじように、想像を絶するほどのきびしい練習やトレーニングにたえなければなりません。障がいを負っていない部位だけでみると、健常者よりも力が強かったり、筋肉が発達したりしている障がい者アスリートもいるほどです。勝利や記録更新のために自分を律し、だれよりも努力をつみかさねているという点では障がい者も健常者もまったくかわりがありません。

人生のターニングポイント

障がい者アスリートとして活躍している選手のなかには、事故などにあったために（後天的に）障がいを負った人がいる。かれらの多くは、健常者のときにはスポーツが好きだった（得意だった）、またはもともとその競技の選手として活躍していた。障がいを負い、いままでのようにはスポーツをできないと知ったとき、ほとんどの選手は絶望にうちひしがれるという。しかし、まわりの人のささえを受け、前むきに自分の人生を考えるようになったきっかけは、障がい者スポーツとの出あいだったと語る選手が少なくない。障がいを持つことで「夢」を持てた、という選手もいる。

大会に向けて調整するパワーリフティングの大堂秀樹選手。パワーリフティングはバーベルをラックから外した状態で胸までおろして静止させ、ふたたびバーベルを平行におしあげる競技。大堂選手は18歳のときバイク事故による脊髄損傷で胸から下の感覚がなく、腕の力だけで190kgをおしあげる。

2016年のリオデジャネイロパラリンピック陸上男子100m決勝で力走する各国のアスリートたち。右端は日本代表の山本篤選手。山本選手は高校3年になる直前、バイク事故で左足を切断し、義足を使用。競技用義足でおこなうパラ陸上の世界を知り、就職をやめて競技者への道へ。パラリンピック代表選考に一度落選した経験をばねにして、記録に挑戦しつづけている。

2 障がい者アスリートに年齢はない?

障がい者スポーツは、年齢が高くなってもつづけやすいスポーツだといわれています。競技によっては、選手生命が長く、いくつになっても成長できるものもあります。

経験がものをいう

アスリートにとって、年をとることは競技力のおとろえにつながる重要な問題です。アーチェリーや射撃など比較的年齢の高い選手がいる競技もありますが、一般の大会で活躍している選手は、ほとんどが10代や20代の若者です。30代になるとベテランとよばれ、現役を引退する選手も多くなってきます。しかし、パラリンピック出場選手の年齢を見てみると、10〜20代の選手も多くいますが、目立つのは30代。40代以上の選手も少なくなく、なかには70歳近い年齢の選手もいます。

これは、障がい者スポーツの特徴によるものと考えられます。年齢の高い選手は、車いす使用者の競技に比較的多くみられます。また、ボッチャなど重度障がい者むけの競技も年齢が高い傾向があります。これらの競技では、すばやさや力強さといった運動能力よりも、経験や戦略が勝敗をわける場面が多く見られます。もともと障がいでうごかない部位があってもできるのが障がい者スポーツですから、運動能力のおとろえにかかわらず、高齢になってもつづけられる競技になっていると考えられます。

2016年リオデジャネイロパラリンピックに参加した日本選手最高齢の別所キミエ選手（当時68歳）。卓球の女子シングルス（車いす）準々決勝で負けたが、「力を出し切った」と語った。別所選手は病気をわずらい40代で車いす生活となったが、卓球との出会いが「人生を変えた」という。

競技を開始した年齢

障がい者アスリートに年齢の高い選手が多い理由として、競技をはじめた年齢がそもそも高い選手がいるということもあげられます。生まれつき障がいのある人は、リハビリの一環でスポーツをしたり、学校で障がい者スポーツにふれたりします。パラリンピックに10代で出場している選手には、生まれつき障がいのある選手が多く見られます。

しかし、事故などにより20代や30代で障がいを負い、リハビリとしてはじめたスポーツで才能を発揮した人もいます。健常者のスポーツよりも選手人口が少ないとはいえ、障がい者スポーツで世界のトップレベルでたたかえるようになるには、しっかり練習をかさねて努力しなければなりません。そのため、国際大会に出場するころには、年齢が高くなっているとも考えられます。

馬術で2016年のリオデジャネイロパラリンピックにゆいいつ日本代表として出場した宮路満英選手の当時の年齢は58歳。もともと競走馬を育てる調教助手だったが、47歳でおこした脳出血の後遺症で右半身にまひがのこり、リハビリ時代に乗馬をしたことが契機となって、馬術の日本代表選手にまでなった。

1996年のアトランタ大会を皮切りに4大会連続でパラリンピック出場をはたし、通算20個のメダル（うち15個が金メダル）を獲得した競泳の成田真由美選手。中学生のときに病気で下半身がまひし、車いす生活に。2008年北京大会を最後に第一線から退いたが、2016年のリオデジャネイロ大会では46歳で競技に復帰。世界の舞台に立った。

3 オリンピックに記録が追いつく

障がい者スポーツは、年ねんレベルが高くなっています。はじめは医師が主導するリハビリのわくを出ませんでしたが、現在では、すばらしい記録もたくさんつくられ、オリンピック記録を上回るものも出てきています。

健常者と互角にきそう

障がい者スポーツを競技スポーツととらえ、多くの選手が力やわざをみがいてきた結果、現在では障がい者スポーツの記録が健常者のものにせまっている競技もあります。障がいはあるものの、健常者の世界レベルの大会で互角にたたかえる選手もあらわれています。

そのひとりが南アフリカ共和国の陸上競技選手オスカー・ピストリウス選手です。ピストリウス選手は両足切断者クラスの男子400mで、45秒07という自己ベストをもっています。健常者の世界記録は43秒03で、その差はわずか2秒ほどです。オリンピックに出場するために突破しなければならない参加標準記録は、リオデジャネイロオリンピックのときで45秒40ですから、ピストリウス選手は、世界トップレベルの健常者たちともきそえる実力をもっているといえます。

もうひとりは、ドイツの陸上競技選手、マルクス・レーム選手（切断などT44クラス）です。レーム選手は2014年に健常者にまじって出場したドイツ陸上選手権で、健常者をおさえて8m24という記録で優勝。この記録は、ロンドンオリンピックに出場すれば銅メダルを獲得できるほどのものです。また、2015年のIPC（国際パラリンピック委員会）陸上競技世界選手権では、ロンドンオリンピックの優勝記録を9cmも上回る、8m40の世界記録を打ちたてました。

2012年ロンドンオリンピックの陸上男子400m予選に出場したときのオスカー・ピストリウス選手。生まれつきの障がいのために生後11か月で両足のひざから下を切断。学生時代からさまざまなスポーツに取り組んだ。陸上競技は、2004年にラグビーでけがをしたリハビリとしてすすめられたのがきっかけだという。

2016年ドイツ陸上選手権に出場したときのマルクス・レーム選手。レーム選手は14歳のときにウェイクボードの練習中に事故にあい、右ひざから下を切断。義足での生活となったが、翌年にはウェイクボードのドイツ・ジュニア選手権で準優勝をした。陸上競技には、20歳から挑戦。どんどん記録をのばしている。
©アフロ

義足の陸上選手

　ピストリウス選手は、両足の義足がうすいカーボン繊維製の板でできていることから、「ブレードランナー」（「ブレード」は英語で「刃」という意味）の愛称でよばれました。

　ピストリウス選手は、健常者といっしょに競技をおこなうことを強く希望していましたが、国際陸上競技連盟は、カーボン製の義足は反発力が強く有利になるとして、大会参加をみとめませんでした。その後、スポーツ仲裁裁判所がこの決定を無効としたことにより、ピストリウス選手は義足の選手として世界ではじめて、世界陸上競技世界選手権に出場。2012年には、ロンドンオリンピックへの出場をはたし、400mで準決勝まで進みました。同時にロンドンパラリンピックにも参加し、当時の世界新記録をふたつも樹立するなど活躍しました。

　一方、オリンピックの参加標準記録をこえていたレーム選手は、2016年のリオデジャネイロオリンピックへの参加を強く望みました。国際陸上競技連盟は、義足が競技に有利にはたらいていないことの科学的証明を要求し、結局、レーム選手はオリンピック出場をあきらめました。

　レーム選手は、記録は同等にあつかってもらわなくてもよいという姿勢で参加を申しこんでいました。障がいの有無に関係なく、アスリートがいっしょに競技をすることに意義があると考えているのです。

「義足」対「人間の足」

最先端技術を使った用具で記録をのばすことを「テクニカル・ドーピング」という。ドーピングとは、スポーツ選手が肉体的・精神的に運動能力を向上させるために薬物を使ったりすること。これはフェアプレーの精神に反するとして世界のあらゆるスポーツで禁止されている行為だ。それが、義足などの道具を使うことでテクニカル（技術的）に運動能力を向上させているのではないかと議論されている。とくに義足アスリートにいわれることが多い。義足の性能は、じっさいのからだである足の性能とくらべて公平であるのかどうか？　が問われているのだ。

オリンピックの金メダル記録を上回る

　2016年におこなわれたリオパラリンピック男子1500m（T13視覚障がいクラス）では、優勝した選手が出した世界記録（3分48秒29）が、おなじ年のオリンピック男子1500mの金メダル記録（3分50秒）を上回るという結果となりました。しかも、2位、3位、4位の選手までもがオリンピックの金メダル記録を上回ったのです。

　1500mのレースではスピードだけでなく、集団でのかけひきが勝負をにぎるということもあり、オリンピックの記録とそのままくらべるわけにはいかないという声もあります。とはいえ、すばらしい記録であるにはちがいありません。

障がい者が健常者の記録を上回る競技

パワーリフティングという競技は、オリンピックでおこなわれるウェイトリフティング（重量あげ）と同様にバーベルを両手で持ち上げて、その重さをきそうスポーツですが、ベンチにあおむけになり、上半身の力のみを使っておこないます。体重別に階級をわけてたたかいますが、おなじ体重なら、下肢に障がいをもつ選手のほうが健常者より上半身の筋肉力が多い場合もあり、障がいのある選手が健常者を上回る可能性がある競技です。

優勝したアルジェリアのアブデラティフ・バカ選手（中央）は、「約2年間休まずに練習した。本当にたいへんだった」と語ったという。
©ロイター／アフロ

リオパラリンピックのパワーリフティング107kg超級（運動機能障がい）では、イランのシアマンド・ラーマンが史上初の300kgを超える305kgの世界新を記録した。これは健常者の記録270.5kgよりも上になる。

世界記録をめざす

リオデジャネイロオリンピックの卓球女子に出場したポーランドのナタリア・パルティカ選手は、生まれつき右ひじから先がない。彼女はオリンピックは北京、ロンドン、リオと3大会連続で、パラリンピックではアテネ、北京、ロンドン、リオと4連覇している。アーチェリーの選手にも、両方に出場する選手がいる。競技種目によっては、障がいの有無にかかわらず、ともに世界記録をめざすことができる。

2016年リオパラリンピック卓球女子シングル決勝戦に出場したパルティカ選手。
©ロイター／アフロ

> もっと知りたい！

パラリンピックの偉大な金メダリスト

障がい者スポーツのさまざまな競技で世界最高峰の大会とされるパラリンピック。これまでに紹介したピストリウス選手やレーム選手のほかにも、人びとにたたえられるような歴史をのこした選手たちがいます。

ミスター・パラリンピック
● ハインツ・フライ選手（1958年生まれ）

スイスの車いす陸上競技選手。1984年～2016年までのすべての夏季パラリンピック、1984年～1998年と2006年の冬季パラリンピックに出場。22年間を通してパラリンピックで獲得したメダルは、夏季・冬季あわせて、金メダル15個、銀メダル7個、銅メダル12個。また、脊髄損傷の車いす使用者クラスで、フルマラソンの世界記録をもっている。

フライ選手は1978年、山でランニングをしているときにけがをして脊髄を損傷したが、1980年、22歳のときに車いすスポーツをはじめた。中長距離のトラック競技やマラソンといった陸上競技のほか、シットスキーでのクロスカントリー競技、バイアスロン競技、ハンドサイクルでの自転車競技もおこなうようになった。パラリンピック以外にも、世界選手権大会やマラソン大会にも積極的に参加し、優秀な成績をおさめている。大分国際車いすマラソン大会（→3巻）では14回も優勝していて、13～22回大会では10連覇をはたした。

不屈のレーサー
● アレッサンドロ・ザナルディ選手（1966年生まれ）

イタリア出身のハンドサイクル選手。1991～1994年と1999年にF1ドライバーとして活動。2001年にレース中の事故で両足切断。しかし、レースに対する情熱は衰えず、現役を続行。事故から20か月後、特別仕様のマシンに乗り、事故のおきたレースののこり周回を走りきった。2009年でレースを引退。ハンドサイクルに転向し、ロンドンパラリンピック出場をめざした。2012年、ロンドンパラリンピックのイタリア代表に選ばれ、金メダル2個、銀メダル1個を獲得。2016年リオデジャネイロパラリンピックのタイムトライアルで金メダルを獲得した。

トラックの女王
●ルイーズ・サバージュ選手（1974年生まれ）

　国内では一般のトップアスリートとおなじようによく知られている、オーストラリアの車いす陸上競技選手。

　サバージュ選手は、生まれつき下半身に障がいをもっていた。子どものころには水泳をしていたが、14歳のときに手術で曲がった背骨を矯正すると、以前のようには泳げなくなった。そこではじめたのが陸上競技。はじめて参加したパラリンピックは、1992年のバルセロナ大会。車いす使用者クラスの女子100m・200m・400mで金メダル、800mで銀メダルを獲得した。1996年のアトランタパラリンピックからは長距離種目に出場し、4種目で金メダル。また、車いす部門が世界ではじめてつくられたボストンマラソンでは、1997～1999年と2001年の4回の優勝をとげている。

　母国で開かれた2000年のシドニーパラリンピックでは、聖火ランナーの最終走者となり、開会式での聖火点火という大役をつとめた。サバージュ選手は、パラリンピック4大会で合計9個の金メダルと4個の銀メダルを獲得している。

義足をつけて五輪にも出場した、水の女王
●ナタリー・デュトワ選手（1984年生まれ）

　南アフリカ出身の水泳選手。14歳で水泳をはじめたが17歳のとき、スクーターの事故で左足を切断。大手術を経て、わずか3か月後に義足をつけて水泳練習を再開。復帰後はじめてのぞんだレース（健常者も参加）で、800m自由形の決勝に出場し、名をのこした。その後、障がいがある人を対象とした大会の自由形で世界新記録をマークして優勝。2004年アテネ、2008年北京、2012年ロンドンのパラリンピックで合計13個の金メダルと2個の銀メダルを獲得した。北京ではオリンピックに初出場をはたし、オープンウオーター10kmで25人（うち1人途中棄権）中16位という成績をのこした。

©Action Images／アフロ

もっと知りたい！

日本の障がい者スキーのパイオニア
●大日方邦子選手（1972年生まれ）

チェアスキーヤー。3歳のとき交通事故により右足を切断。左足にも重度の障がいを負った。高校2年からチェアスキーをはじめ、冬季パラリンピックにリレハンメルからバンクーバーまで5大会連続出場。アルペンスキー競技で合計10個のメダル（金2個、銀3個、銅5個）を獲得。冬季パラリンピックにおける日本人初の金メダリストとなった。2010年に代表引退を表明したが、若手選手育成のために国内大会は出場している。

夏季・冬季パラリンピックの金メダリスト
●土田和歌子選手（1974年生まれ）

車いすアスリート。高校2年生のとき、友人とドライブ中に事故にあい、車いす生活に。1993年アイススレッジの講習会に参加したことがきっかけで日本で最初にアイススレッジスピードレースをはじめる。1998年長野冬季パラリンピックで金メダル2個、銀メダル2個を獲得。1999年から陸上に転向し、2000年シドニー夏季パラリンピックのマラソンで銅メダル、2004年アテネ夏季パラリンピックの5000mで金メダル、マラソンで銀メダルを獲得し、日本人史上初の夏季・冬季パラリンピック金メダリストとなった。

全盲の競泳金メダリスト
●河合純一選手（1975年生まれ）

　競泳選手。生まれつき左目の視力はなく、右目の視力も非常に弱かった河合選手は、15歳のときに右目の視力も失い、全盲となった。5歳のころにはじめた水泳をずっとつづけ、1992年、17歳でバルセロナパラリンピックに出場して銀メダル2個、銅メダル3個を獲得した。
　夢だった教師になってからも競技をつづけた河合選手は、アトランタ、シドニー、アテネ、北京、ロンドンと6大会連続でパラリンピックに出場した。とくに、全盲クラスの男子50m自由形では3連覇をなしとげた。また、パラリンピックで獲得したメダルは金メダル5個をふくむ計21個で、日本人最多。2016年には、偉大な功績をのこした選手やコーチをたたえる「パラリンピック殿堂」に、日本人ではじめて入った。

車いすテニス界の王者
●国枝慎吾選手（1984年生まれ）

　日本の車いすテニス選手の第一人者。9歳のときに脊髄の腫瘍ができ、車いすでの生活になった。もともと野球少年だった国枝選手は、テニス好きの母にすすめられ、11歳から車いすテニスを習いはじめる。中学時代までは友人との車いすバスケットボールに夢中だったが、そこで車いすのすばやい操作を身につけた。17歳から本格的にテニスの海外ツアーに参加するようになった国枝選手は、パラリンピックのメダル選手を育てた丸山弘道コーチに出あい、トップ選手をめざすようになった。
　2004年、アテネパラリンピックで斎田悟司選手とペアを組み、男子ダブルスで金メダルを獲得。2006年10月には、アジア人初の世界ランキング1位に。さらに、2007年にはアジア初の世界チャンピオンになり、車いすテニス史上初となる年間グランドスラム（当時の4大大会）＊を達成するという偉業をなしとげた。2009年、車いすテニスでは日本人ではじめてプロに転向。男子車いすテニス初の4年連続世界チャンピオン達成やパラリンピック男子シングルス2大会連続金メダル達成など、さまざまな記録を打ちたて、世界の車いすテニス界で圧倒的な存在感をしめしている。

＊グランドスラムは、全豪オープン（オーストラリア）、全仏オープン（フランス）、ウィンブルドン（イギリス）、全米オープン（アメリカ）の4つのテニス世界大会のこと、またはこの4大大会すべてで優勝すること。おなじ年に開かれた4大会すべてで優勝することを「年間グランドスラム」という。車いすテニスの場合、2009年までは健常者の4大大会とはことなる大会がグランドスラムとされていた。

4 補助用具へのこだわり

より速く・より強くなることを望む障がい者アスリートたちは、練習内容をくふうし、たくさん練習をすることはもちろんのこと、一般の選手がシューズや水着、道具などにこだわるように、補助用具にもこだわるようになりました。

競技用車いすの進化

障がい者スポーツが普及しはじめたころは、日常生活で使われているような、基本的な形の車いすが競技にも使われていました。競技中に車いすの上でからだがうごいてしまうことも多く、使いごこちがあまりよくありませんでした。

時代が進むと、車いすの形や素材がどんどんかわっていきました。たとえば、マラソンやトラック競技などに使われるレーサーは、進む方向をこまかく調整しやすいよう、前輪が比較的大きなものをひとつだけ使うようになりました。素材も、アルミやチタンなどの軽い金属が、タイヤは自転車競技用の細いものが使われるようになりました。

そのほか、テニス用、バスケットボール用、ラグビー用など、それぞれの競技で必要なうごきがスムーズにできるよう、競技別に車いすの改良が進んでいます（→2巻）。

●競技用車いす（レーサー）の進化

①

②

③

④

①1981年におこなわれた第1回大分国際車いすマラソン大会。
②1984年におこなわれた第4回大分国際車いすマラソン大会。
③1988年のソウルパラリンピックでの陸上男子1500ｍ（ムスタファ選手）。
④2012年ロンドンパラリンピックの陸上男子400ｍ（伊藤智也選手）。

競技用義肢の進化

義手や義足などの義肢も、進化をとげています。一般的な義肢は、日常生活で健常者とかわらない見た目にするため、人間の手や足ににせてつくられています。むかしは装着部分の製作技術もそれほど進んでおらず、スポーツのようなはげしいうごきをすると自分のからだと義肢がすれ、痛みがあることもありました。

現在では、競技用義肢は機能重視でつくられています。スポーツ用義足は、人間の足が地面をけるときの反発力を再現するため、カーボン樹脂製のカーブをつけた板のような形をしています。また、日常用の義足よりも長めにつくってあります。ほかの競技用のものも、その競技に必要とされる役割をはたせるようなつくりになっています。もちろん、どの義肢も、はげしくうごいてもずれたりはずれたりしないよう、装着部分の形状がくふうされています。

2016年リオデジャネイロパラリンピックに向けて調整する陸上競技の佐藤圭太選手。中学3年のときに病気で右足のひざから下を切断。義足となってもスポーツをつづけ、大学の陸上競技部に入り、4年生のときには主将をつとめた。

● スポーツ用義足の進化

1990年ごろ　2000年ごろ　2015年ごろ

義肢装具士の臼井二美男さん（→P19）提供

スポーツ用義足をささえる日本の技術力

アイスランドのオズール社は、スポーツ用義足の分野では世界を代表するメーカーだ。オスカー・ピストリウス選手（→P8）をはじめ、世界のトップアスリートたちが使用している。なかでも最高の性能をほこる製品「チーター・エクストリーム」には、日本製のカーボン繊維が使われている。日本の最先端技術が、世界の障がい者スポーツをささえる要素のひとつになっている。

5 補助用具の開発で選手をささえる

車いすであれば、より小さい力で速く走れるように。義手や義足であれば、より違和感なくもとの機能がおぎなえるように。そこには、障がい者アスリートからの意見を聞きながら開発に力をつくすメーカーの努力も不可欠なものです。

競技用車いすの職人

競技や選手の戦略のちがいによって、競技用車いすに求められる性能や形はことなります。また、選手一人ひとりの体格がちがうため、すわる部分がその選手にぴったりとフィットするようにもしなければなりません。使う人にしか乗り心地がわからないため、選手に乗りつづけてもらい、強度や重心、タイヤの位置や角度といった部分を調整していくことで、ちょうどよいポイントをさがしていきます。

- 陸上競技用のレーサーは、なるべく空気抵抗をへらして効率よくスピードを上げられるように、選手が前傾姿勢になるような形のいすになっている。その選手が正座のようにひざをおりげてすわったとき、左右にからだがずれないよう、座面や横幅などが選手にあわせて調整されている。
- テニス用の車いすでは、プレイのときに下半身でふんばることもあるため、足は下におろした状態で固定できるようになっている。また、上半身のうごきをさまたげないよう、背もたれは低くつくってある。

佐藤友祈選手。

上地結衣選手。

競技用車いすの製造でむずかしいのは、サイズを選手の体格にあわせること。ミリ単位の精度を実現するのは、高い溶接技術。溶接してはサイズを測る、このくりかえしが、性能のちがいとなってあらわれる。

車いすのケアをする メカニック

　車いすは、選手たちの「足」ともいうべきものです。それが競技中にこわれてしまうこともあります。そうしたときに、すぐに対応し処理をするのが「メカニック」の仕事です。練習中からつねにはげしいプレイをくりかえしているので、車いすには負担がかかっています。小さな異変に気づいたときに処理をしておかないと、大きな事故にもつながりかねません。メカニックは、まさにかげで選手をささえる存在ともいえます。

現在、日本で競技用車いすの開発に取り組む主要企業は5社。そのうちの1社であるオーエックスエンジニアリングでは、車いすを福祉機器としてだけでなく、「乗り物」のひとつとしてとらえ、社員がメカニックとして対応できるようにしている。

義肢や装具を つくる職人

　義手・義足といった義肢やからだのうごきを補助するための装具は、からだに直接装着して活動をおこなう道具です。競技用車いすも選手の体格にあわせた調整がおこなわれますが、義肢の場合はより厳密に、装着部分の形状や寸法を記録する必要があります。一人ひとり、障がいの内容や体格がことなっているからです。装着部分に少しでもずれがあれば、からだと義肢がこすれあって痛みが出たり、けがをしてしまったりすることもあります。

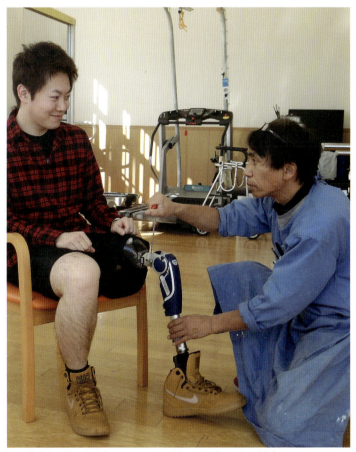

義肢装具士の臼井二美男さんは、1991年に切断障がい者の陸上クラブ「ヘルス・エンジェルス」を創設。代表者として切断障がい者に義足を装着してスポーツ指導をするうちに、クラブメンバーのなかから日本記録を出す選手が出現。臼井さんはパラリンピックに日本代表選手のメカニックとして同行するようになる。臼井さんは、競技用だけでなく、義足を必要としているすべての人のために研究・開発・製作に力をつくしている。写真は1990年ごろの義足を調整している臼井さん。

義肢装具士

繊細な義肢や装具をつくるための医療系の国家資格として、義肢装具士がある。義肢の製作をするだけなら資格はいらないが、義肢で重要なのはその人にあったものをつくれるかどうか。義肢や装具を必要としている人のからだの寸法をはかったり、装着部分の型をとったり、製作した義肢をその人に適合するように調整したりするのは、義肢装具士でなければおこなえない。

6 障がい者アスリートのパートナー

障がい者アスリートが競技をおこなっていくうえで、たくさんの人の協力がかかせません。視覚に障がいのある選手は、いっしょに競技をしながら補助する人たちにささえられ、すばらしい成績や記録をのこしています。

視覚に障がいのある人への補助者

障がい者スポーツでは、障がいの種類によっては、ほかの人の補助がなければ競技がむずかしいことがあります。代表的なのが、視覚障がい者の競技です。卓球やサッカーなどの球技の場合は、音のなるボールを使うことで、視覚に障がいがあっても競技ができます。しかし、陸上競技や水泳の場合、走る速さや投げる距離、泳ぐ速さなどをきそう競技では、ちょっとした補助が必要となります。

マラソンなどの長距離走の場合は、「ガイドランナー（伴走者）」とよばれる補助者がロープをいっしょにもって走ります。また、走り幅とびや投てき種目では、ふみきりの位置やタイミング、投げる方向を教える「コーラー（声かけ役）」がつきます。

水泳では、壁の位置を目で確認することができない場合、コーチなどの補助者が棒で選手のからだにタッチし、壁が近づいていることを教えます。

そのほか、アルペンスキーやクロスカントリースキーで、選手にうしろから声をかけたり、前で音を出したりしてすべる方向を指示する「ガイドスキーヤー」などの補助者もいます。

「ガイドランナー」は、選手のかわりになってレースの状況を確認する。選手の足を引っぱっては意味がないため、ガイドランナーには選手以上の走力が求められる。2016年リオデジャネイロパラリンピックの女子マラソンで力走する道下美里選手（左）と輪になったひもをにぎりあって走るガイドランナーの青山由佳選手。

女子滑降で、背中に拡声機をつけてすべる「ガイドスキーヤー」。口元のマイクから小型拡声機を通して、視覚障がいの選手にガイドスキーヤーの声が伝えられる。

視覚障がい者の走り幅跳びは、歩数と「コーラー」の声や手拍子をたよりに幅1mのふみきり板をジャンプする。陸上女子走り幅跳びの渡邉紫帆選手に声をかけ、跳ぶぎりぎりのタイミングで進路からよけるコーラーの下稲葉耕己さん。下稲葉さんは、盲学校に通う渡邉選手にとって体育の先生であり、部活の顧問でもある。

自転車のレースでは、選手とともに「パイロット」とよばれるガイド役のボランティア（晴眼者＝視覚障がいのない人）がいっしょに自転車に乗りこみ、ハンドル操作をする。2016年リオデジャネイロパラリンピックの自転車女子タンデム1000mで力走する鹿沼由理恵選手（左）とパイロットの田中まい選手。

7 障がい者スポーツのサポーター

障がいがあることで、スポーツをおこないづらいことがあります。でも少しの手助けがあれば、障がいのない人とかわらずスポーツを楽しむことができます。

スペシャルオリンピックスの活動をサポート

　障がい者スポーツ施設や大会などでは、スポーツをしようとする障がい者を介助・補助したり、運営をサポートしたりするボランティアがおおぜいいます。スペシャルオリンピックス*の活動に参加するボランティアの数は、世界170か国以上で100万人以上となり、日本では47都道府県で1万人以上が参加し、さまざまな形で地域でのスペシャルオリンピックス活動をささえています。

　各地域で日常的におこなわれているスポーツトレーニングでは、アスリート（知的障がいのある競技者）を指導するコーチやアスリートといっしょにスポーツトレーニングに参加するボランティアがいます。また、ナショナルゲーム（全国大会）をはじめとした大会や競技会を開催する際に、その運営をサポートするのもボランティアの人たちです。

＊スペシャルオリンピックスとは知的障がいのある人たちにさまざまなスポーツトレーニングプログラムとその成果の発表の場である競技会を、年間を通じて提供している国際的なスポーツ組織のこと。

スペシャルオリンピックスの大会やイベントのボランティアには、アスリートの誘導や競技補助などがある。
©Special Olympics Nippon

2016年「希望郷いわて大会卓球バレー」の決勝戦のようす。卓球バレーは全員がいす、または車いすにすわり、ネットの下をころがしてプレイするので、重い障がいをもつ人から子ども、高齢者までいっしょに楽しめるユニバーサルスポーツとして普及しはじめている。青いポロシャツを着ている主審が「上級障がい者スポーツ指導員」。左にいる緑色のポロシャツを着ている人がボランティアの学生。しゃがんでいるのは、車いすの観客が試合を見やすいように配慮しているから。

障がい者スポーツの指導員

　障がい者スポーツは、一般的なスポーツとルールが少しちがっていて、まったく知識がない人がいきなり参加することはむずかしいこともあります。また、障がいがあるということは、それだけ無理なうごき方をしてけがなどをしてしまう危険性も高くなります。

　障がいがある人が安全に楽しくスポーツに参加できるようにサポートする役割として、障がい者スポーツ指導員があります。障がい者スポーツ指導員は、スポーツの指導のほか、障がい支援や事故防止の方法などについても気を配らなければなりません。そのため、日本障がい者スポーツ協会が「障がい者スポーツ指導者資格制度」をもうけています。

プレー以外のサポート

　障がい者スポーツでは、日常用の車いすから競技用の車いすに乗りかえるときの補助や、スポーツ用義足をはめる補助などをボランティアが手伝うこともある。さらに大きくとらえれば、車いすをおしたり、視覚障がい者を介助して練習場や大会場所に移動したりする活動や、スポーツクラブの運営の事務作業など、競技に直接かかわらない活動も、障がい者アスリートをささえる活動といえる。

　障がい者スポーツ指導員は、指導経験や役割によって、6種類にわけられています。
- 初級障がい者スポーツ指導員
- 中級障がい者スポーツ指導員
- 上級障がい者スポーツ指導員
- 障がい者スポーツコーチ
- 障がい者スポーツ医
- 障がい者スポーツトレーナー

　もっとも一般的な障がい者スポーツ指導員は、初級から上級まであわせて全国で2万人ほどの登録者がいます。しかし、指導者として活動する場所や機会が少なく、資格をとったものの活動していない指導員も少なくありません。

8 障がい者アスリートがかかえる苦労

日本では、一般的なスポーツにくらべると、障がい者スポーツはまだまだ認知度が低いといえます。障がい者アスリートが直面する問題を知ることも、障がい者スポーツをささえるうえで大切です。

パラリンピック選手の競技環境調査

「日本のパラリンピック選手が置かれている状況や課題を整理し、競技環境の改善のための活動に資する基本資料を得ること」を目的に、日本パラリンピアンズ協会（会長／河合純一、副会長／大日方邦子）が2014年ソチ大会（冬季）と2016年リオデジャネイロ大会（夏季）に出場したパラリンピック選手を対象としておこなった調査報告書があります。そのなかのひとつ「競技活動をおこなううえで苦労していること、競技活動を継続するうえで支障に感じることはなにか」という質問への回答（右の表）には、障がい者アスリートがかかえている競技環境の問題点を読みとることができます。

●パラリンピック出場選手アンケート
現在の競技スポーツをおこなってきて、苦労していること（複数回答）

- 費用がかかる …… 44.1%
- コーチ、指導者の不足 …… 32.4%
- 練習場所に通うのが大変 …… 29.7%
- 競技力向上のための施設が使えない …… 28.8%
- コンディショニングトレーナーがいない …… 26.1%
- 英語による情報収集 …… 23.4%
- 競技仲間がいない …… 20.7%
- 安定した生活、将来への不安 …… 20.7%
- 心理面の強化 …… 16.2%
- その他、一般公共施設が使えない …… 15.3%
- 仕事に支障がでる …… 14.4%
- ほかの国の選手やコーチ、スタッフとの交流 …… 11.7%
- 仕事の休みが取りにくい …… 10.8%
- アンチドーピングに関する情報収集 …… 8.1%
- 周囲の理解が得られない …… 7.2%
- 栄養指導、栄養面に関する情報収集 …… 5.4%
- その他 …… 6.3%
- 支障に感じたことはない …… 4.5%
- 無回答 …… 2.7%

※調査対象者数はリオデジャネイロパラリンピック出場選手127人（回収数97人）、ソチパラリンピック出場選手20人（回収数14人）。

リオデジャネイロパラリンピックの開会式で入場行進をする日本代表選手団。アスリートとして、あこがれの場だ。

選手個人にかかる経済的な負担

　世界のトップレベルで通用するアスリートの活動には、多額の費用がかかります。まず、スポーツをするための道具をそろえなければなりません。障がい者アスリートの場合、車いすや義肢など、補助具が必要な場合もあります。そのほか、練習にかかるコート代やコーチのレッスン代、合宿や海外遠征の交通費や宿泊費、用具の運搬費用などもかかります。

　一般のオリンピック選手やプロ選手の場合は、スポンサーがついたり広告を受けおったりするほか、国や競技団体からの援助を受けることもあり、活動費用をある程度まかなうことができます。しかし、障がい者スポーツの場合、認知度の低いこともあり、なかなかスポンサーがつきません。活動の場が少なく、プロになるのもむずかしいのが現実です。

　近年はパラリンピック選手の多くも補助金を受けていますが、用具や遠征費用などは年ねん高額になってきていて、すべてはまかなえません。選手自身はもちろん、かれらをささえる指導者や関係者も、これらの費用を自分で負担していることが多いといいます。

仕事と競技の両立

　国や競技団体からの支援、プロとしての活動があまり見こめない場合、活動費用とともに生活費もかせがなければなりません。一般のトップアスリートはスポンサー企業などの支援を受け、毎日のように練習やトレーニングに集中することができることがほとんどですが、障がいがあるトップアスリートは、アスリートとしての活動とは別に、会社員や公務員などの職について仕事をしている人が多いようです。

　平日は仕事をこなさなければならないため、練習ができるのは仕事のあとの短い時間や休みの日だけ。合宿や遠征にいくには、仕事を何日も休む必要があります。競技によっては世界のレベルがどんどん高くなっていて、仕事をつづけながらの活動では練習量が圧倒的にたりず、くやしい思いをしている選手もいます。障がい者スポーツへの注目度が高まるにつれて、競技を中心に生活ができるアスリート社員としての立場でたたかう競技者がふえることが期待されています。

アスリートの雇用

2016年のリオデジャネイロパラリンピックに参加した127人の日本人選手のうち、純然たるプロとして生計をたてられているのは、車いすテニスの国枝慎吾選手や上地結衣選手、車いすバスケットボールの香西宏昭選手などごくわずかしかいない。車いすテニスは世界大会、日本大会に公式のスポンサーがついているから、プロ選手として活躍できる。しかし、ほとんどの選手は、企業に所属し、会社員という立場で競技に取り組んでいる。トップアスリートにとって、仕事と競技の両立は大きな問題だが、障がい者スポーツへの注目度が高まるにつれて、競技を中心に仕事ができるアスリート社員としての立場でたたかえるようになってきている（→P29）。

9 障がい者スポーツへの関心を広げる

2020年東京オリンピック・パラリンピックの開催決定で、競技スポーツとしての障がい者スポーツの報道がふえてきました。新聞の社会面からスポーツ面へ、障がい者スポーツの取り上げ方が変化してきています。

障がい者スポーツの存在をアピール

かつてパラリンピックはテレビに取り上げられないばかりか新聞記事にもならず、一般の関心が低いということがありました。近年、パラリンピックでの日本人選手の活躍により、障がい者スポーツの存在が一般の人たちにも知られるようになってきました。障がい者スポーツをやっている会場に足をはこんだり、そのスポーツボランティアやサポートをやってみたいという思いをもつ人もふえてきました。

●障がいをもつ立場になる体験イベント

埼玉県で開催されている「さいたま市ノーマライゼーションカップ」では、ブラインドサッカーの大会を開催。アイマスクをつけることで障がいのあるなしにかかわらず、みなおなじ条件のもとでサッカーを楽しむことができる＝みなが協力しあうことでだれもがおなじようにくらせる社会をめざす、という考えを広めるため、ブラインドサッカー体験などもおこなっている。

2020年に開催される東京オリンピック・パラリンピックの成功に向けて、広く障がい者スポーツの魅力を伝えるために東京都が「Be The HERO」をタイトルにメッセージを発信（→P2）。

SUPPORTED BY TOKYO METROPOLITAN GOVERNMENT

写真や記事を通してスポーツの魅力を伝える

障がい者スポーツがたくさん報道されることで、一般の人たちからの認知度が高まります。そうすると、企業の障がい者スポーツへの見解がかわり、サポートや協賛につながる可能性もふえます。選手個人の負担がへっていけば、障がい者スポーツをやろうという人がふえるし、アスリートとして競技活動に専念できるようにもなります。さらに、障がい者スポーツへの理解が社会に広がることで、障がい者に対する人びとの意識が一層深められることが期待されます。

2016年リオデジャネイロパラリンピックから正式競技となったパラトライアスロン。スイム（水泳）、バイク（自転車）、ラン（陸上）の3種目を連続しておこない、合計タイムをきそう。トライアスロンは個人競技だが、パラトライアスロンは、障がいのある選手の移動をサポートする「ハンドラー」（写真）や、視覚障がいの選手を案内する「ガイド」など、限界を超えようと挑戦するパラトライアスリートと選手をささえる支援者とのチーム戦ともいえる。
撮影：清水一二

写真で障がい者スポーツの輝きを伝える

清水一二さんは障がい者スポーツを撮りつづけて30年以上のカメラマン。パラリンピックのオフィシャルカメラマンもつとめる、障がい者スポーツ写真の第一人者だ。清水さんは、競技のうまさでひときわかがやいている障がい者アスリートや、日び進歩する用具などを記録することで、競技のおもしろさや選手の魅力を人びとに伝えている。

撮影した写真を手にする清水一二さん。

もっと知りたい！
企業と障がい者スポーツ

競技と生活の両立は、ほとんどの障がい者アスリートがかかえる悩みです。しかし最近では、障がい者スポーツに理解をしめし、さまざまなかたちで支援をする企業がふえてきています。

障がい者スポーツを支援する

企業がおこなう支援のなかには、企業が主体となって直接障がい者への支援活動にかかわるものがあります。

たとえば障がい者が社会復帰をするための訓練施設「太陽の家」は、「世に心身障がい者（児）はあっても仕事に障害はありえない」という理念のもと、1965年に医師の中村裕博士＊によって大分県別府市に創立された社会福祉法人です。オムロン、ソニー、ホンダ、三菱商事、デンソー、富士通エフサスなど日本を代表する企業がその活動趣旨に賛同し、資金を寄付するとともに共同出資会社をつくり、多くの障がい者を雇用しています。障がい者スポーツにも積極的で、社員の多くは仕事のあとや休日にさまざまなスポーツを楽しみ、国内外の大会にも参加しています。

＊大分県別府市出身の医師。障がい者スポーツの振興をはかり、1964年の東京パラリンピックの開催、1975年の「第1回極東・南太平洋身体障害者スポーツ大会（フェスピック）」の開催、1981年の「大分国際車いすマラソン大会」の実現などに力をつくした（→3巻）。

大分県別府市にあるオムロン太陽は、別名「車いすのある工場」とよばれている。全従業員の半分がなんらかの障がいをかかえている。

太陽の家と協力企業で働く人たちが運営する「太陽の家むぎの会」では、職場をとおしてスポーツの交流会などもおこなっている。

大分国際車いすマラソン大会には、太陽の家の共同出資会社からも多くの選手が参加している。また、各社からの協賛やボランティア参加などの支援も積極的におこなわれている。

従業員を支援する

企業の一員である従業員が障がい者スポーツのイベントにボランティアとして参加したり、地域の障がい者スポーツボランティアとして活動したりすることがあります。こうした活動を企業として支援することも、企業による障がい者スポーツへの支援となります。支援の方法にはボランティア休暇制度をととのえる、ボランティア活動に関する費用や物資を負担する、従業員に対してボランティアをする機会を提供するなどがあります。

障がい者アスリートを雇用

2008年から「エイベックス・チャレンジド・アスリート」と称して積極的に障がい者スポーツに取り組んでいるエイベックスのように、障がい者アスリートを社員として雇用し、支援している企業もあります。社員としての収入があり、強化合宿や大会のときには競技を優先することができる生活は、とてもめぐまれた環境であるといえます。競技でのがんばりが所属企業への貢献にもつながるので、選手のモチベーションの向上にもつながります。

また、日本オリンピック委員会（JOC）が仲介役となって、オリンピックや世界選手権などをめざすトップアスリートの就職活動を支援するプロジェクト「アスナビ」が、2014年から日本パラリンピック委員会（JPC）とも連携協力して、パラリンピックをめざすトップアスリートにも対象を拡大しました。アスナビがきっかけで、乃村工藝社に採用がきまったパワーリフティングの西崎哲男選手は、2016年のリオデジャネイロパラリンピックの日本代表選手に選ばれました。はじめてアスリートを採用した乃村工藝社にとっても、西崎選手にとってもはげみとなるできごととなりました。

パワーリフティングの西崎哲男選手（乃村工藝社所属）。
写真：NPO法人STAND／竹見脩吾

西崎選手のトレーニングのようす（右上）。乃村工藝社の大阪事業所内にトレーニングルームを整備（右下）。存分に練習にも打ちこめる環境が確保されている。西崎選手に刺激を受けて、ともにがんばる社員も多いという。

【資料】パラリンピック選手アンケート

■ふだんどれくらい練習しているか（シーズンがある場合は、シーズン中について）

	ほぼ毎日	週に3～5日	週に1～2日	その他	無回答
前回調査	33.0	48.5	14.0	4.4	0.0
本調査	56.8	39.6	0.9	1.8	0.9

本調査では「ほぼ毎日」がもっとも多く、「週に1～2日」がへっている。全体的に選手の練習量が前回調査よりふえている傾向にあることがわかる。

■ふだんどこで練習しているか（シーズンがある場合は、シーズン中について）

技術練習

	障がい者スポーツセンター	障がい者スポーツセンター以外の公共施設	民間スポーツクラブ	学校/教育機関	自宅	道路・河川敷・公園	その他	無回答
前回調査	27.4	31.1	31.1	18.5	9.6	0.0	16.3	0.0
本調査	31.5	37.8	36.0	19.8	11.7	18.0	14.4	4.5

コンディショニングトレーニング

	障がい者スポーツセンター	障がい者スポーツセンター以外の公共施設	民間スポーツクラブ	学校/教育機関	自宅	道路・河川敷・公園	その他	無回答
前回調査	17.2	27.5	24.6	8.7	39.1	0.0	8.7	0.0
本調査	24.3	26.1	33.3	12.6	36.9	21.6	11.7	13.5

障がい者スポーツをおこなうことができる場所の少なさは、障がい者スポーツがかかえる問題のひとつ。障がい者向けの施設でないために、さまざまな理由でことわられることも多いという。障がいを理由にスポーツ施設の利用をことわられた経験、条件つきでみとめられた経験がある選手は、パラリンピック出場選手でさえも「ある」が21.6％、「ない」が74.8％と約5人に一人が経験をもつことがわかった。たとえば車いすバスケットボールなど車いすスポーツ選手からは「キズがつくから」、視覚障がいや知的障がいの選手からは「あぶない」「けがをした場合の保障ができない」というものなど。

■競技スポーツ活動にかかる年間個人負担額は？

	50万円未満	50万円～100万円未満	100万円～150万円未満	150万円～200万円未満	200万円～250万円未満	250万円以上	わからない	無回答
前回調査	14.1	32.6	17.0	9.6	8.1	11.9	6.7	0.0
本調査	18.0	20.7	21.6	13.5	8.1	12.6	2.7	2.7

本調査では「100～150万円未満」がもっとも多く、「250万円以上」とした選手も12.6％いる。推計では、一人あたり年間平均147万円あまりが個人負担となり、前回調査の144万円とほぼ変わらない。最高額は陸上競技の750万円。

■費用負担が大きい支出項目（複数回答）

- 遠征費（国際大会参加費）……42.3％
- 遠征費（国内大会参加費）……27.9％
- 道具、器具購入費……27.9％
- 治療費（マッサージ、鍼灸など）……23.4％
- 遠征費（国内合宿費）……22.5％
- 競技用車いすや義足など購入費……21.6％
- ウェア購入費……13.5％
- コーチ指導料……12.6％
- ジム等の競技外トレーニング施設使用料……11.7％
- 遠征費（国外合宿費）……10.8％
- 競技練習の施設使用料……4.5％
- その他……8.1％
- 特にない……2.7％

※参考資料：本調査は日本パラリンピアンズ協会が2016年に、2014年ソチ大会と2016年リオデジャネイロ大会に出場したパラリンピック出場選手を対象としておこなった調査報告書より。前回調査は2012年におこなわれたもの（→P24）。

さくいん

あ
IPC陸上競技世界選手権 …………… 8
青山由佳 ……………………………… 20
アスナビ ……………………………… 29
アスリート …… 4、5、6、9、13、14、17、22、24、25、27、29
アスリート社員 ……………………… 25
アテネパラリンピック
　　　　　　　　11、13、14、15
アトランタパラリンピック … 7、13、15
アブデラティフ・バカ ……………… 10
アレッサンドロ・ザナルデイ ……… 12
アンチドーピング …………………… 24
伊藤智也 ……………………………… 16
臼井二美男 ……………………… 17、19
エイベックス・チャレンジド・アスリート
　　　　　　　　　　　　　…… 29
大分国際車いすマラソン大会 … 12、28
オーエックスエンジニアリング …… 19
大堂秀樹 ……………………………… 5
大日方邦子 ……………………… 14、24
オズール社 …………………………… 17
オスカー・ピストリウス … 8、12、17
オムロン太陽 ………………………… 28
オリンピック ……… 8、9、10、11、13、25、29

か
ガイド ………………………………… 27
ガイドスキーヤー ……………… 20、21
ガイドランナー（伴走者） ………… 20
鹿沼由理恵 …………………………… 21
上地結衣 ………………………… 18、25
河合純一 ………………………… 15、24
義肢 ……………………… 17、19、25
義肢装具士 …………………………… 19
義手 ……………………………… 17、19
義足 …………… 5、9、13、17、19
希望郷いわて大会 …………………… 23
共同出資社 …………………………… 28
国枝慎吾 ………………………… 15、25
グランドスラム ……………………… 15
車いす ………… 6、12、13、14、15、16、18、19、23、25
香西宏昭 ……………………………… 25

さ
コーチ ………… 15、20、22、24、25
コーラー（声かけ役） ………… 20、21
国際パラリンピック委員会 ………… 8
国際陸上競技連盟 …………………… 9

さ
斎田悟司 ……………………………… 15
佐藤圭太 ……………………………… 17
佐藤友祈 ……………………………… 18
サポーター …………………………… 22
シアマンド・ラーマン ……………… 11
シドニーパラリンピック … 13、14、15
清水一二 ……………………………… 27
下稲葉耕己 …………………………… 21
障がい者アスリート …… 5、6、7、16、18、20、23、24、25、27、28、29
障がい者スポーツ指導員 …………… 23
障がい者スポーツ指導者資格制度 … 23
スペシャルオリンピックス ………… 22
スポーツ仲裁裁判所 ………………… 9
スポーツ用義足 ………………… 17、23
スポンサー …………………………… 25
世界陸上競技世界選手権 …………… 9
ソチ冬季パラリンピック …………… 24

た
第1回極東・南太平洋身体障害者
　スポーツ大会（フェスピック）… 28
太陽の家 ……………………………… 28
太陽の家むぎの会 …………………… 28
田中まい ……………………………… 21
土田和歌子 …………………………… 14
テクニカル・ドーピング …………… 9
ドイツ陸上選手権 ………………… 8、9
東京オリンピック・パラリンピック… 26
トレーニング ………… 5、22、25、29

な
長野冬季パラリンピック …………… 14
中村裕 ………………………………… 28
ナタリア・パルティカ ……………… 11
ナタリー・デュトワ ………………… 13
成田真由美 …………………………… 7
西崎哲男 ……………………………… 29
日本オリンピック委員会（JOC）…… 29
日本障がい者スポーツ協会 ………… 23
日本パラリンピアンズ協会 …… 24、30
日本パラリンピック委員会（JPC）… 29
年間グランドスラム ………………… 15

の
乃村工藝社 …………………………… 29

は
パイロット …………………………… 21
ハインツ・フライ …………………… 12
パラリンピック …… 5、6、7、11、12、13、14、15、24、25、26、27、29、30
パラリンピック殿堂 ………………… 15
バルセロナパラリンピック …… 13、15
バンクーバー冬季パラリンピック … 14
ハンデイ・キャップ ………………… 4
ハンドラー …………………………… 27
ブレードランナー …………………… 9
北京オリンピック ……………… 11、13
北京パラリンピック … 7、11、13、15
別所キミエ …………………………… 6
ボストンマラソン …………………… 13
ボランティア ………… 21、22、23、26

ま
マルクス・レーム …………………… 8
丸山弘道 ……………………………… 15
道下美里 ……………………………… 20
宮路満英 ……………………………… 7
ムスタファ …………………………… 16
メカニック …………………………… 19

や
山本篤 ………………………………… 5

ら
リオデジャネイロオリンピック
　　　　　　　　　　 9、10、11
リオデジャネイロパラリンピック（大会）
　　…… 5、6、7、10、11、12、17、20、21、24、25、27、29、30
リハビリテーション（リハビリ）
　　　　　　　　　　　… 4、7、8
リレハンメル冬季パラリンピック … 14
ルイーズ・サバージュ ……………… 13
ルートヴィッヒ・グットマン ……… 4
レーサー ………………………… 16、18
ロンドンオリンピック ……… 8、9、11
ロンドンパラリンピック
　　　　　　　　9、11、12、13、15

わ
渡邉紫帆 ……………………………… 21

- **監修／大熊廣明（おおくま ひろあき）**

1948年、千葉県生まれ。1972年東京教育大学体育学部卒業。1976年東京教育大学大学院体育学研究科修了。現在、筑波大学名誉教授。共編著に『体育・スポーツの近現代－歴史からの問いかけ』（不昧堂出版）、監修に『体育・スポーツ史にみる戦前と戦後』（道和書院）、「しらべよう！かんがえよう！オリンピック」、「調べよう！考えよう！ 選手をささえる人たち」シリーズ（ともにベースボール・マガジン社）、「もっと知りたい図鑑 サッカーパーフェクト図鑑」（ポプラ社）などがある。

- **編さん／こどもくらぶ（二宮祐子）**

「こどもくらぶ」は、あそび・教育・福祉の分野で、こどもに関する書籍を企画・編集しているエヌ・アンド・エス企画編集室の愛称。図書館用書籍として、以下をはじめ、毎年5～10シリーズを企画・編集・DTP製作している。これまでの作品は1000タイトルを超す。
http://www.imajinsha.co.jp/

- **企画・制作・デザイン**

株式会社エヌ・アンド・エス企画
佐藤道弘

- **文・編集協力**

村上奈美

- **写真協力**（敬称略、順不同）

東京新聞（P3、4、5、6、7、8、13、14、15、16、17、18、20、21、24、25）
鉄道弘済会 義肢装具サポートセンター
臼井二美男（P17、19）
清水一二（P27）
太陽の家（P23、28）
太陽の家むぎの会（P28）
オムロン太陽（P28）
大分県障害者スポーツ指導者協議会（P23）
大分国際車いすマラソン大会事務局（P16、28）
スペシャルオリンピックス日本（P22）
オーエックスエンジニアリング（P18、19）
乃村工藝社（P29）
日本ブラインドサッカー協会（P26）
日本障がい者乗馬協会（P7）
岩手県卓球バレー協会（P23）
NPO法人STAND／竹見脩吾（P29）
アフロ（P9、10、11、12、13）
TOKYO METROPOLITAN GOVERNMENT（P2、26）

- **表紙写真**

伊藤信吾／アフロ

この本の情報は、2017年1月までに調べたものです。
今後変更になる可能性がありますので、ご了承ください。

大きな写真でよくわかる
障がい者スポーツ大百科❹　挑戦者たちとささえる人たち

初 版　第1刷　2017年3月10日

監 修　大熊廣明
編さん　こどもくらぶ
発 行　株式会社 六耀社
　　　　〒136-0082 東京都江東区新木場2-2-1
　　　　電話 03-5569-5491　FAX 03-5569-5824
発行人　圖師尚幸
印刷所　シナノ書籍印刷株式会社

©Kodomo kurabu　NDC780　280×215mm　32P　ISBN978-4-89737-886-2　Printed in Japan 2017

落丁・乱丁本は、購入書店名を明記の上、小社営業部宛にお送りください。送料小社負担にて、お取り替えいたします。